Color Me un cupcake
Libri da colorare per i bambini

Coloring Pages for Kids

Coloring Pages for Kids
An imprint of Ciparum LLC

Color Me un cupcake Libri da colorare per i bambini
© 2017 Ciparum LLC
All rights reserved.
ISBN-10:1-63589-327-5
ISBN-13:978-1-63589-327-4

Coloring Pages for Kids

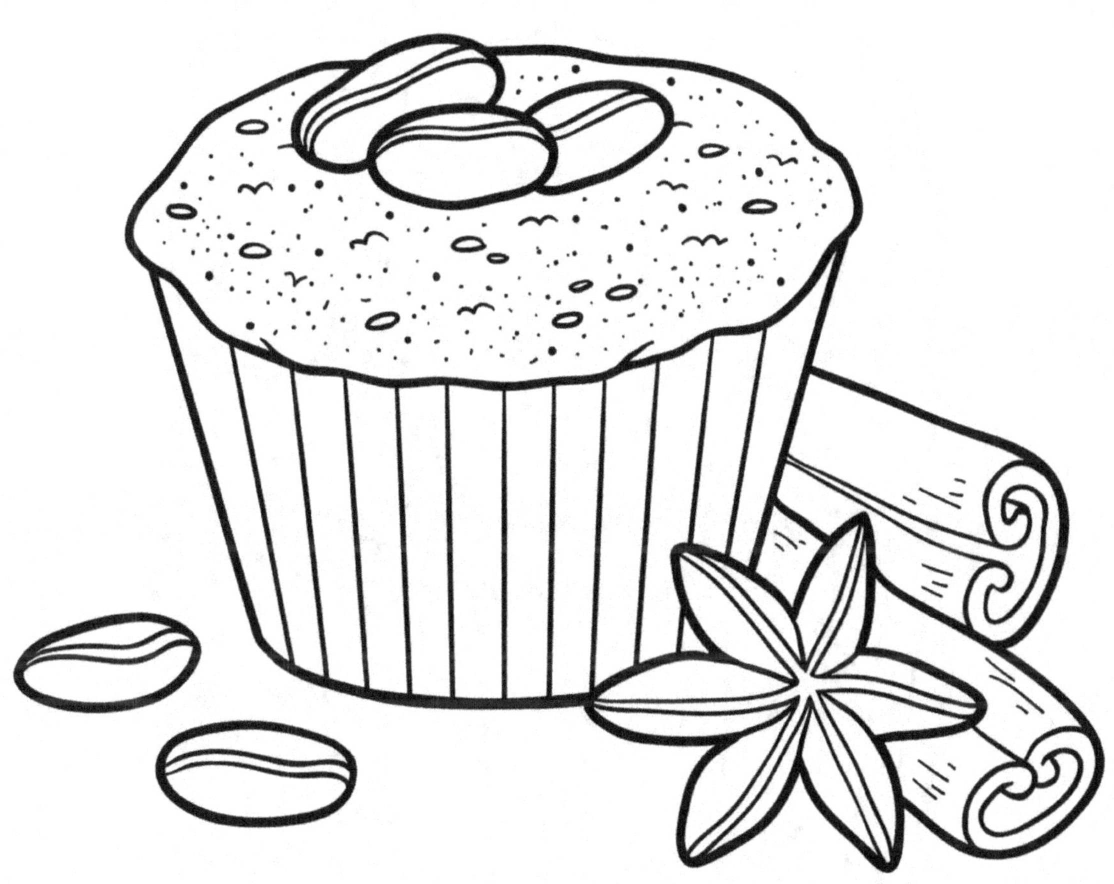

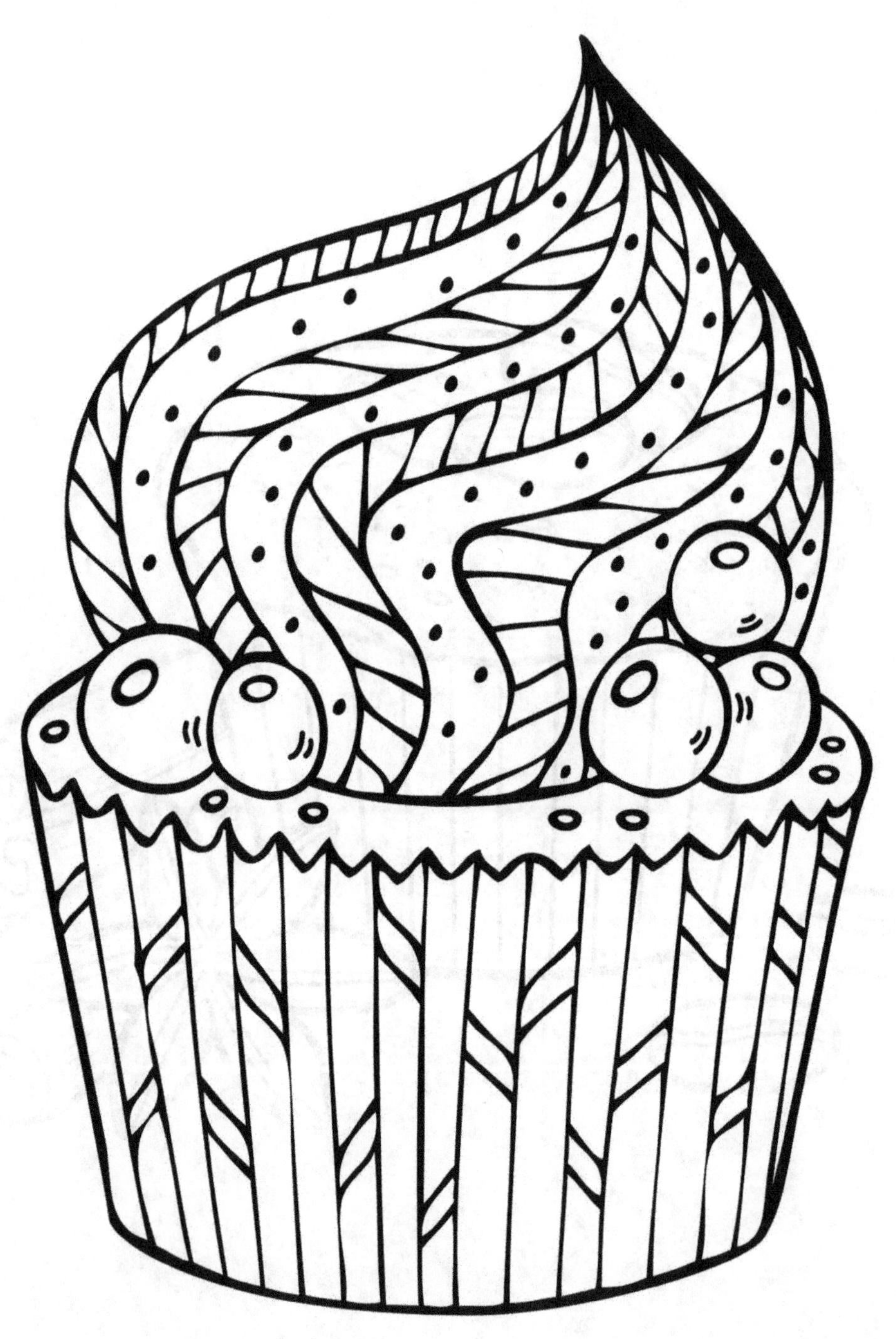

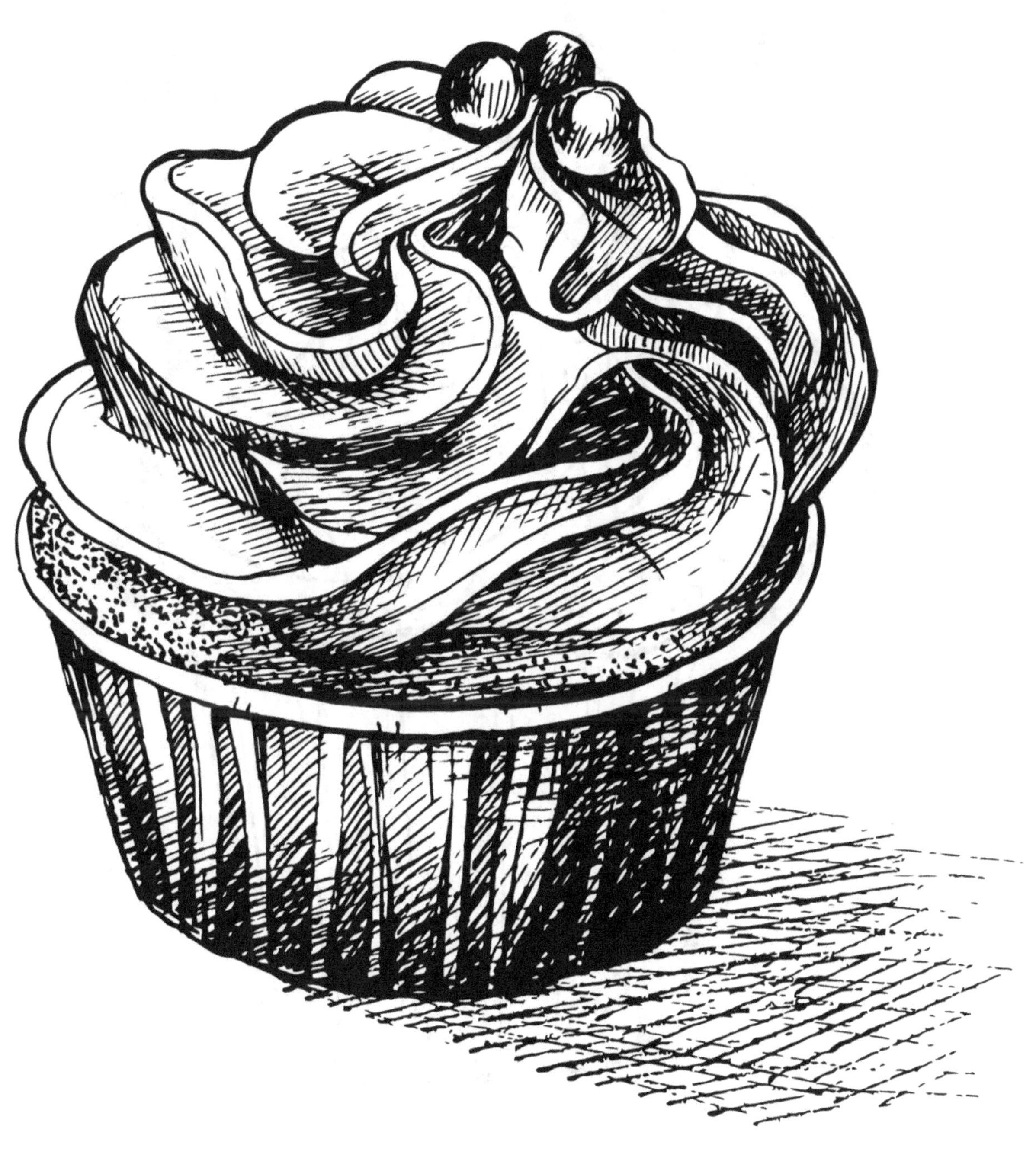

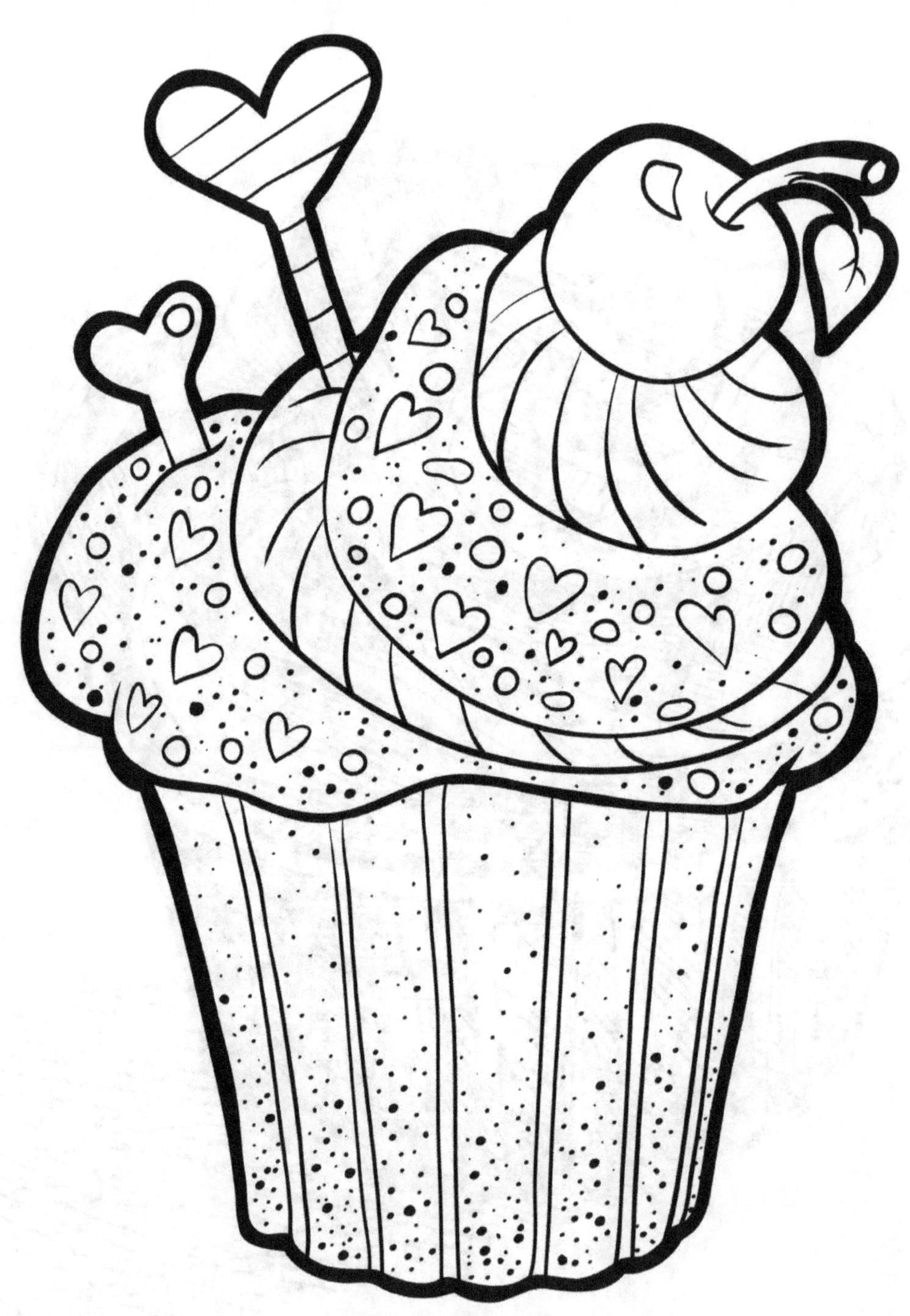

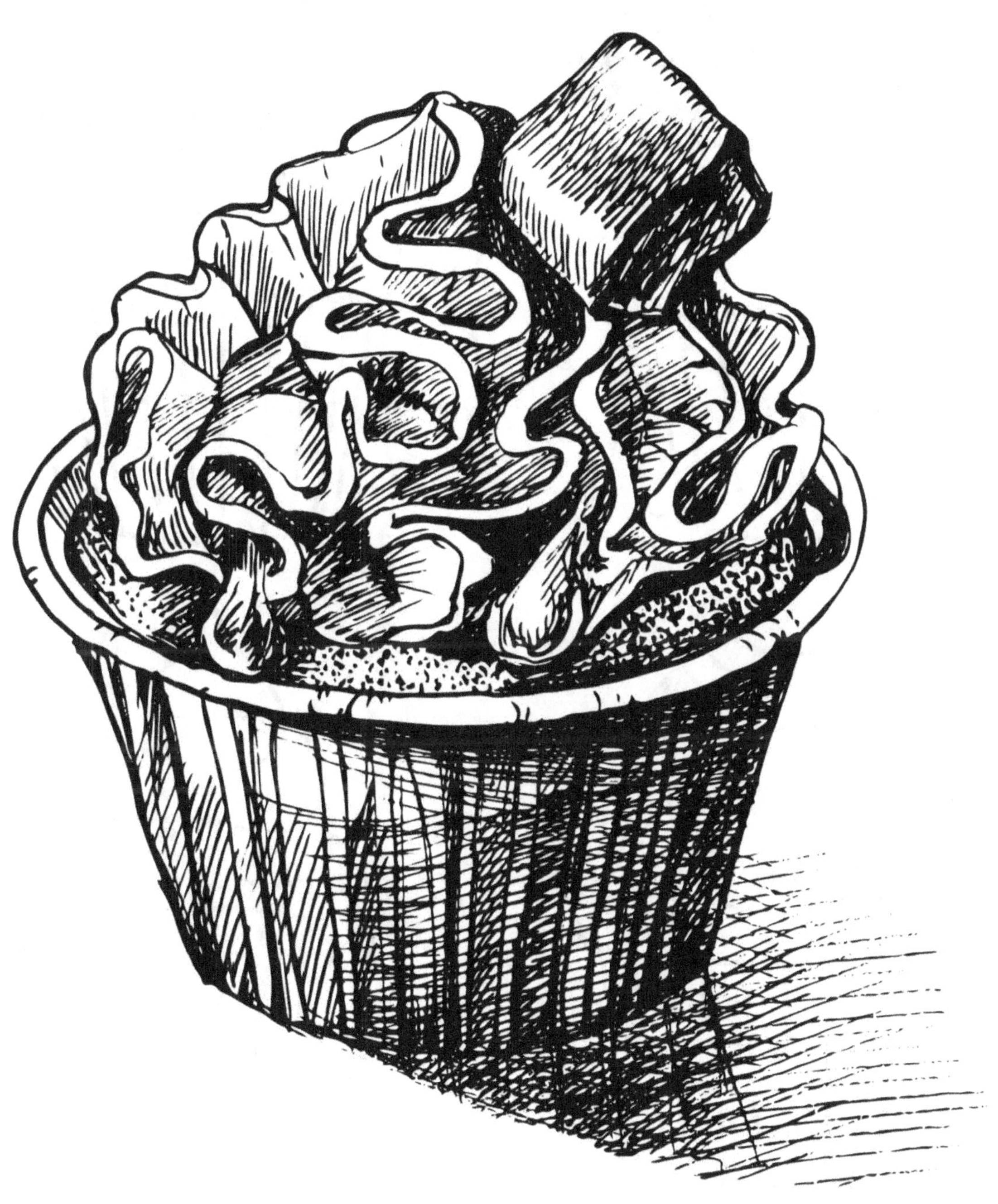

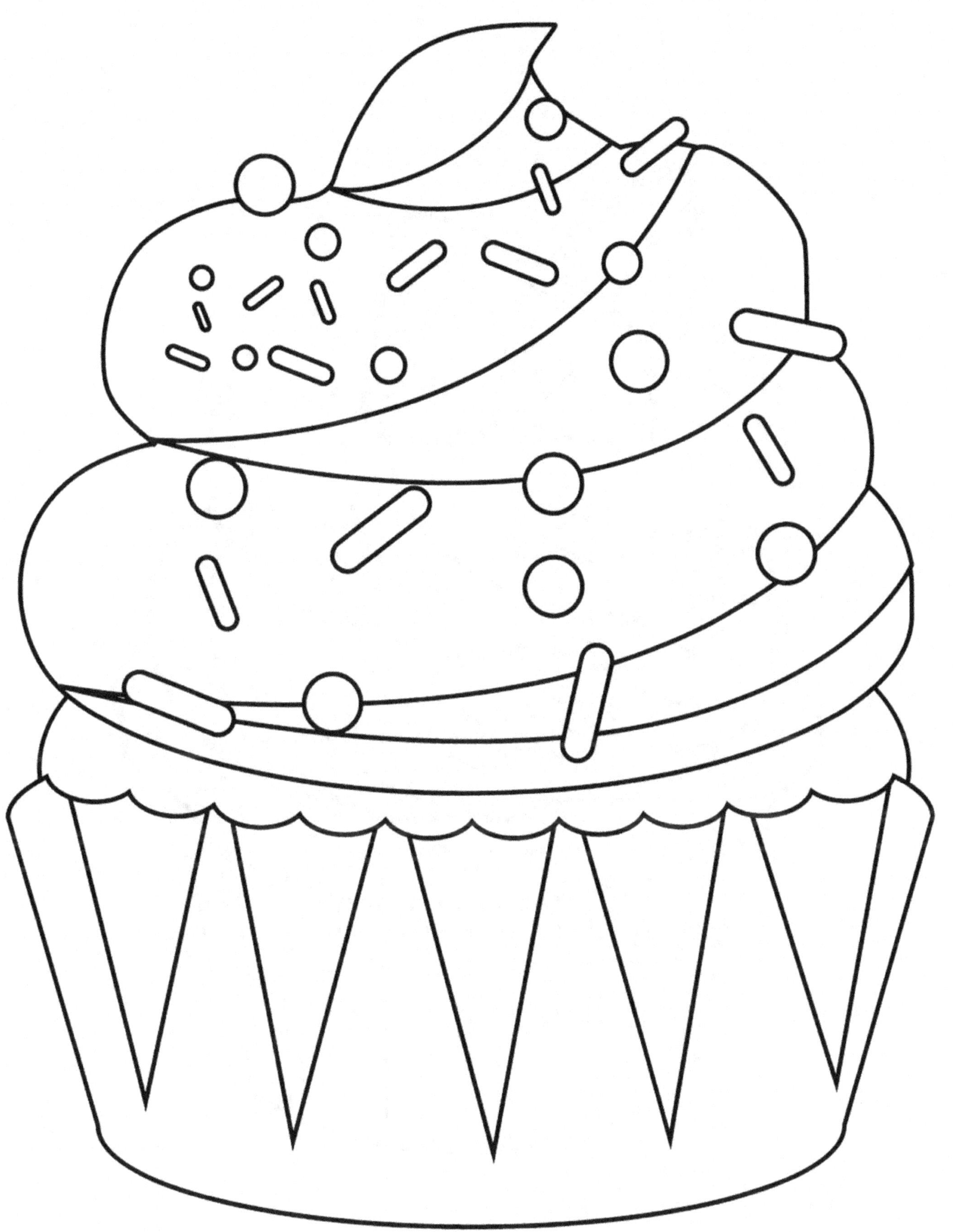

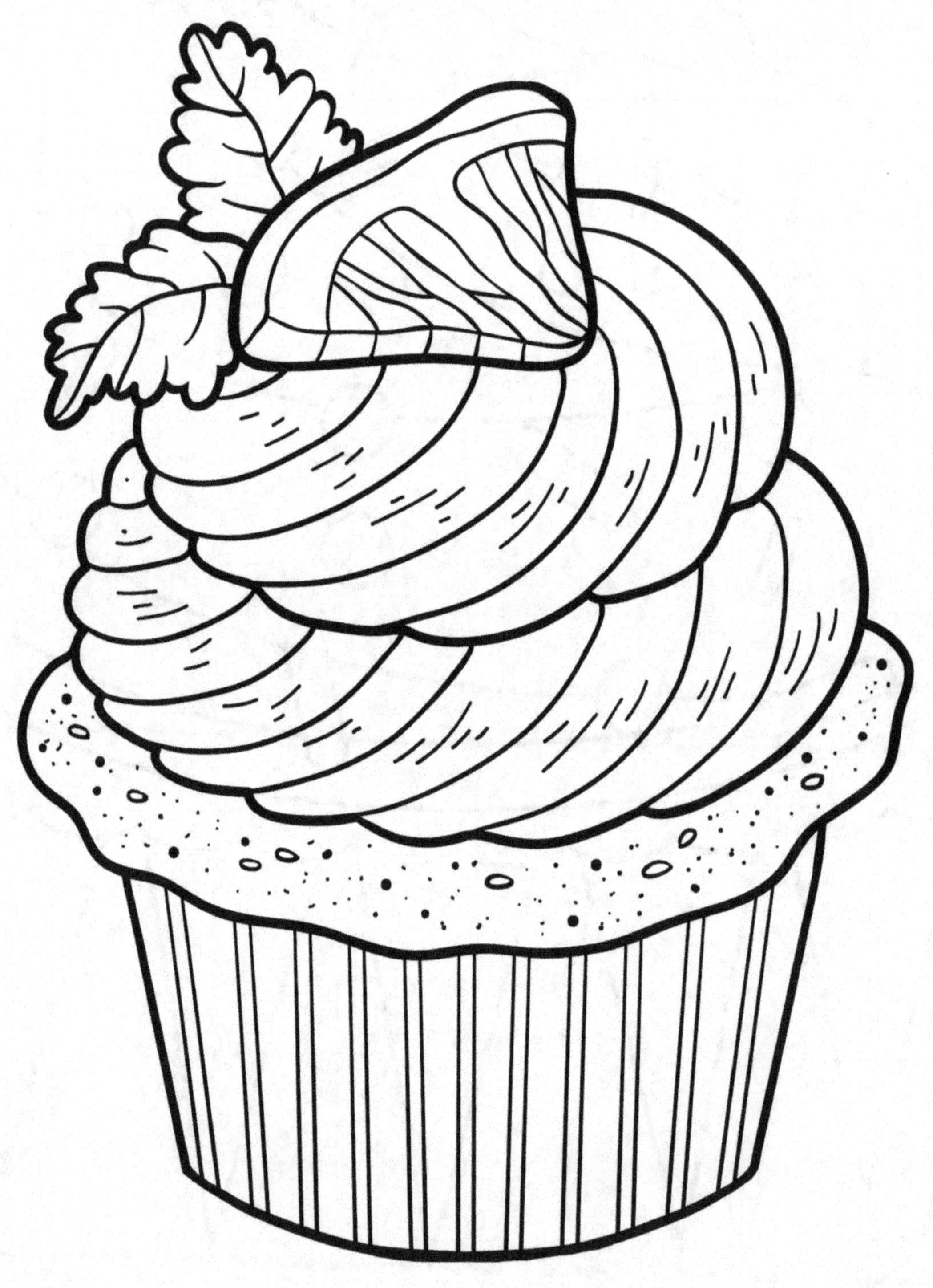

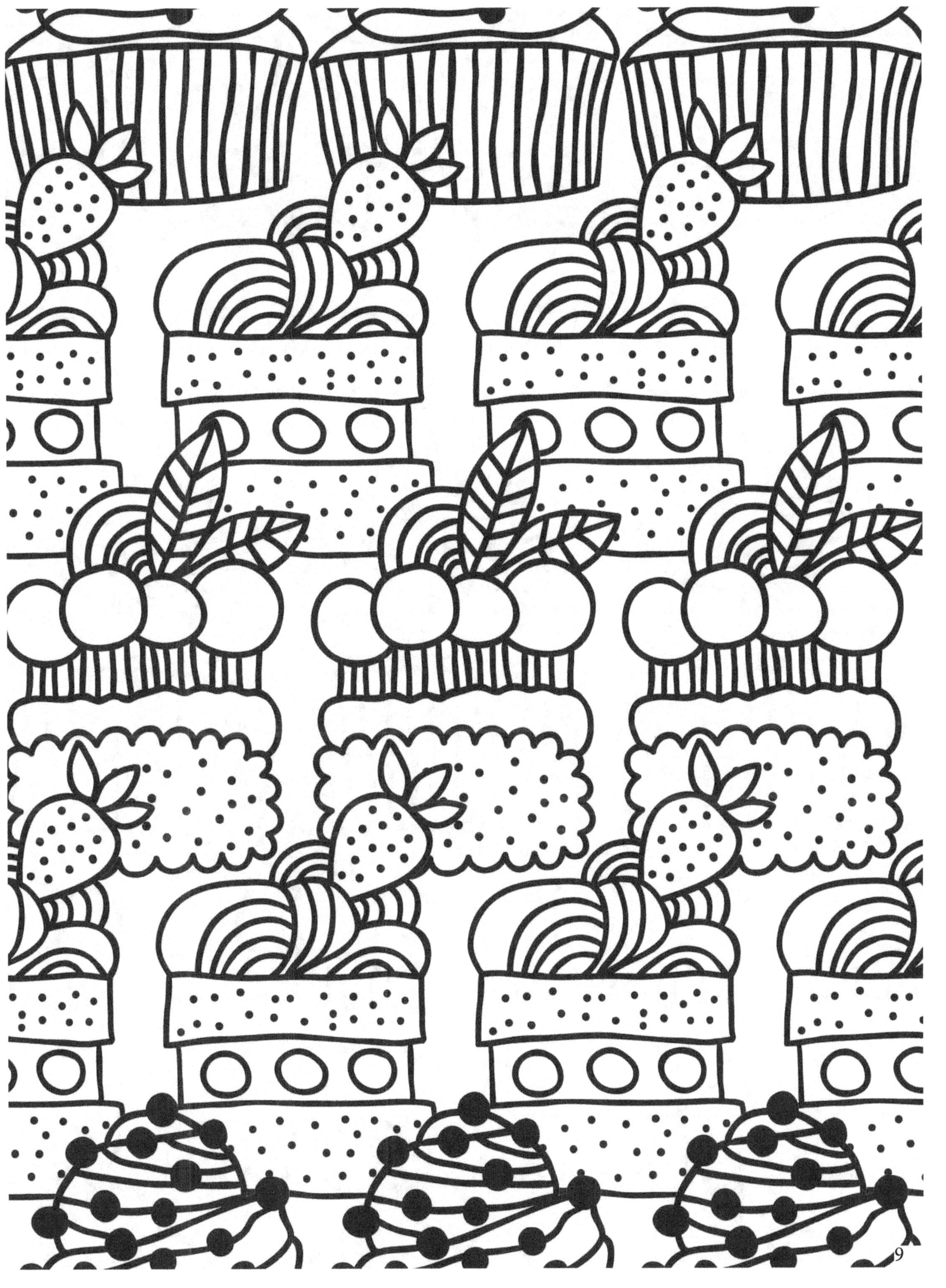

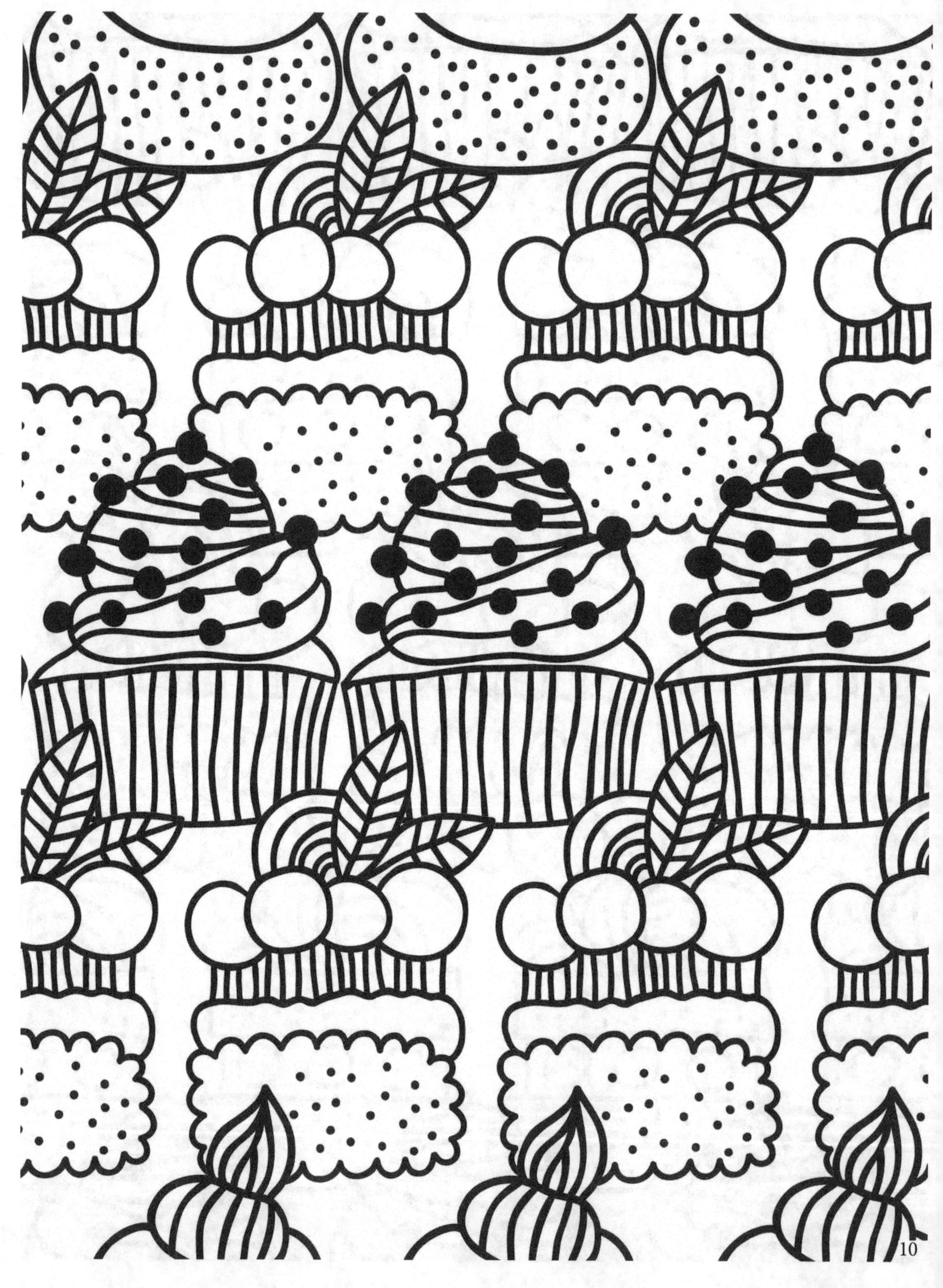

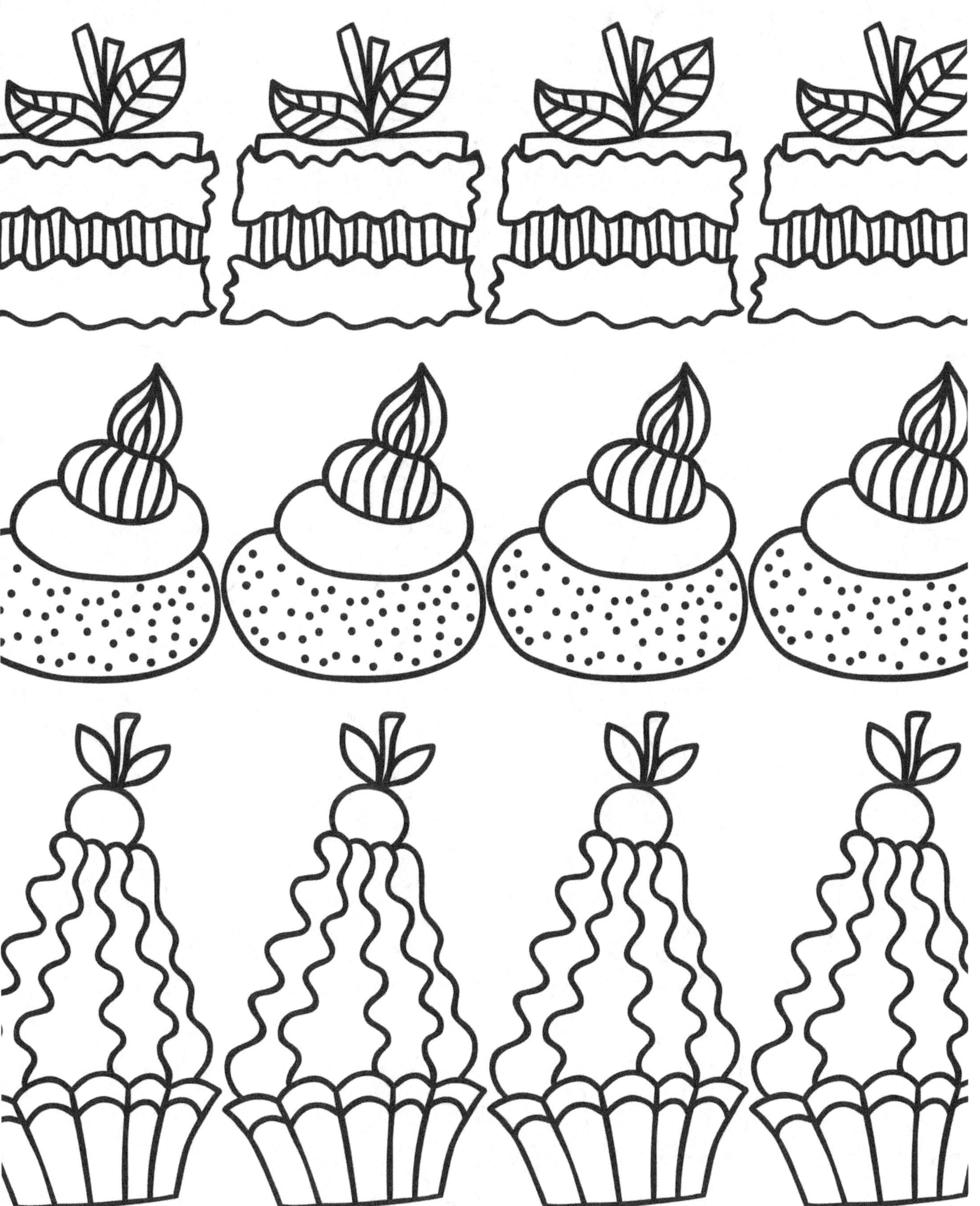

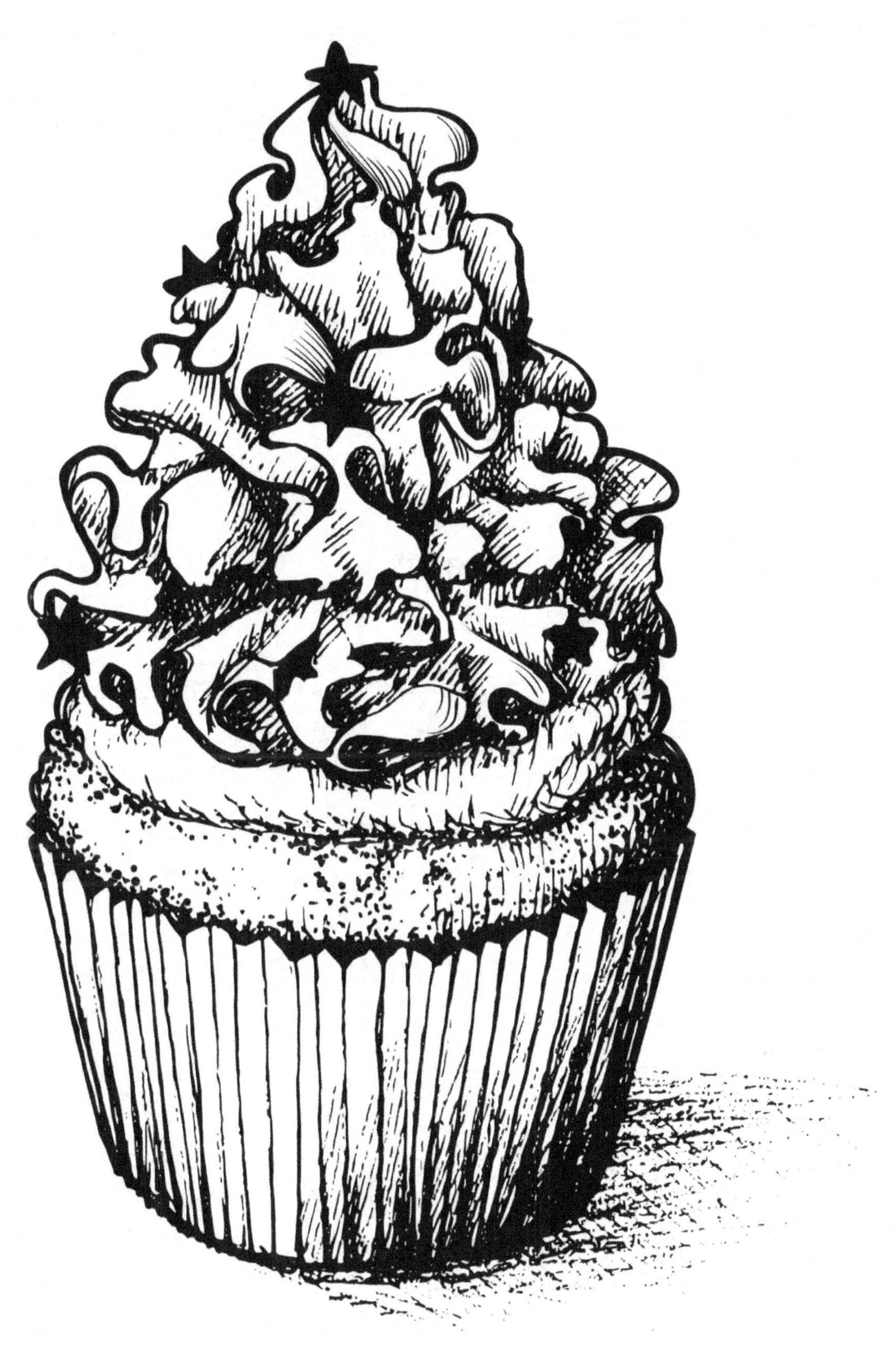

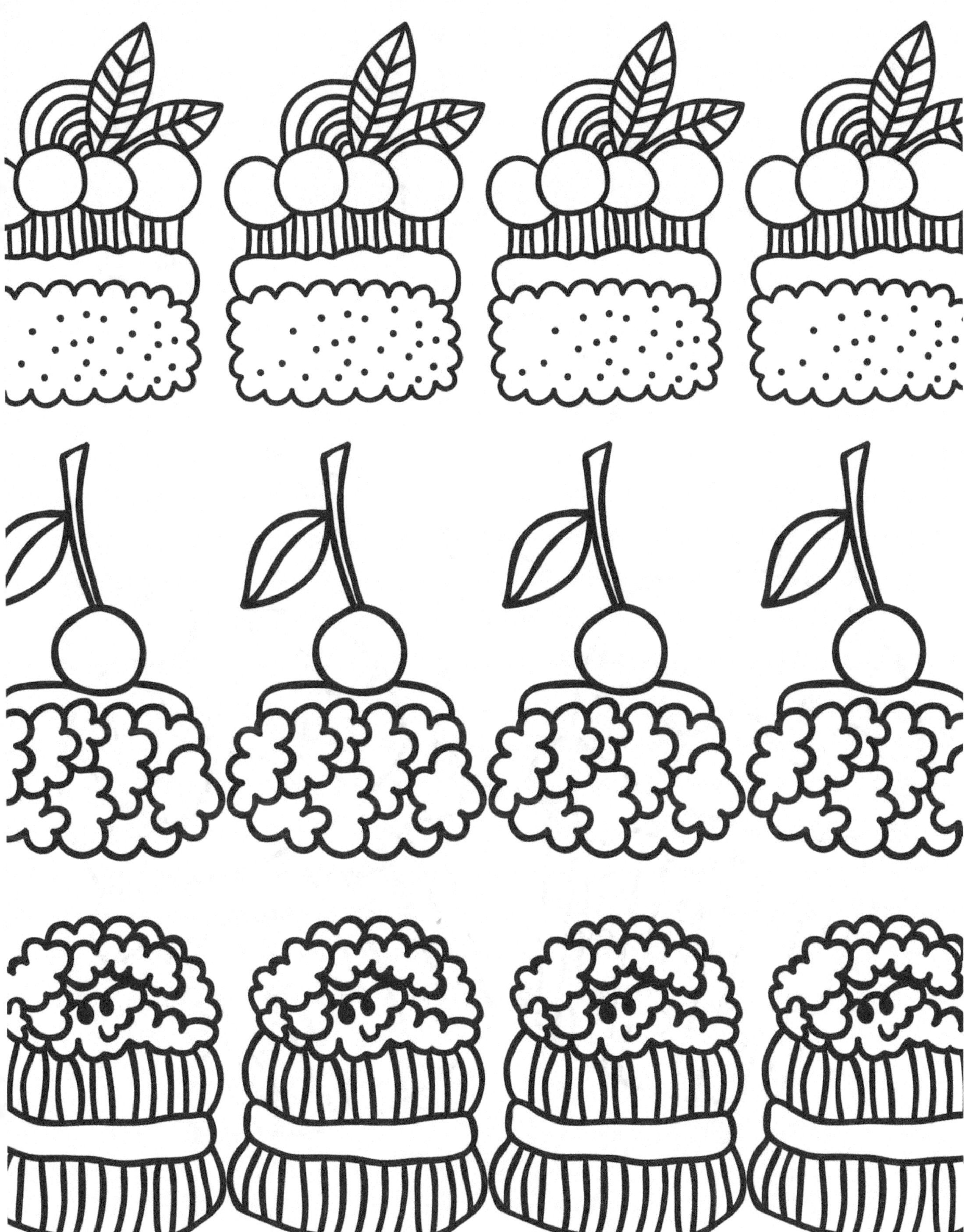

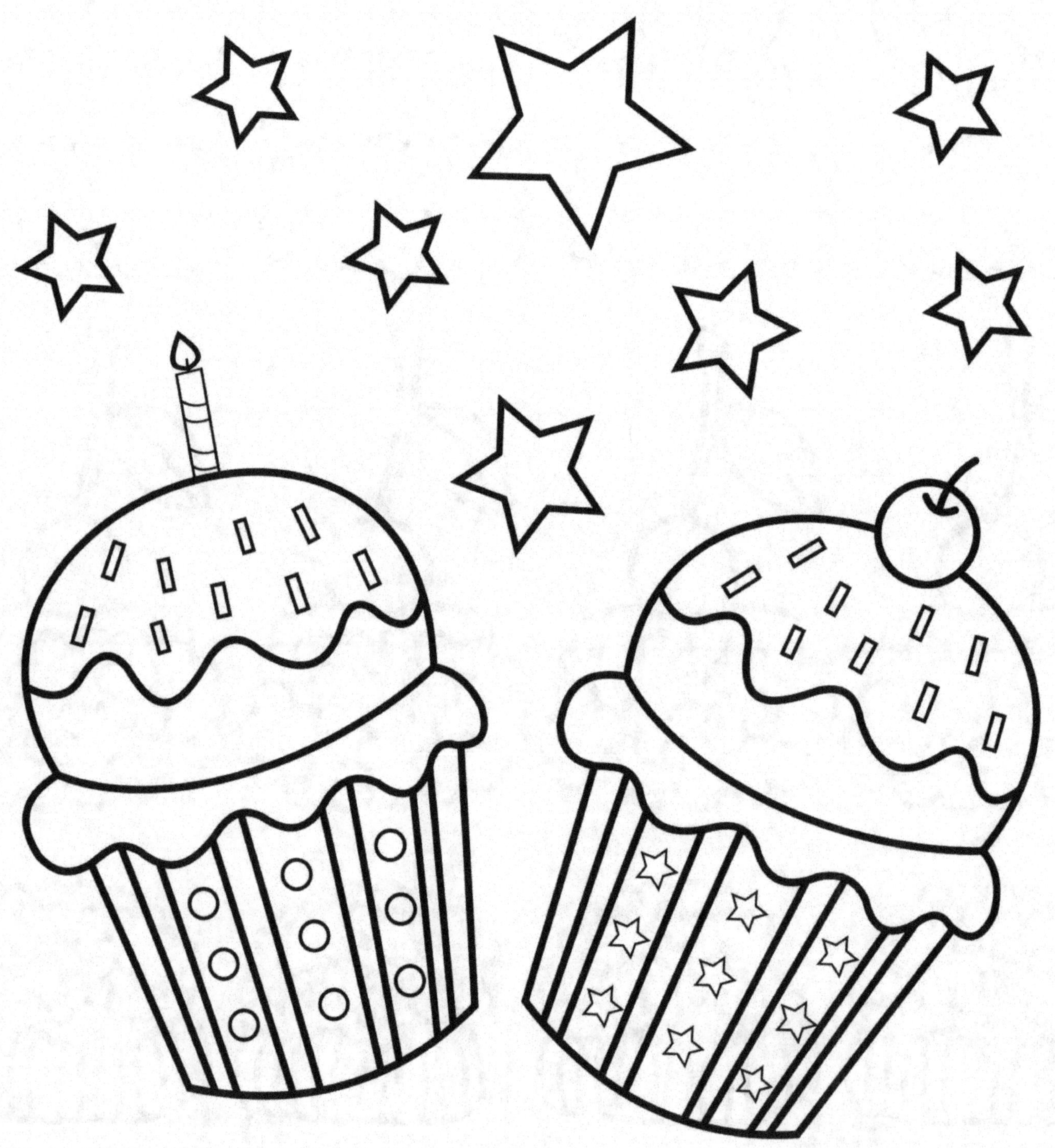

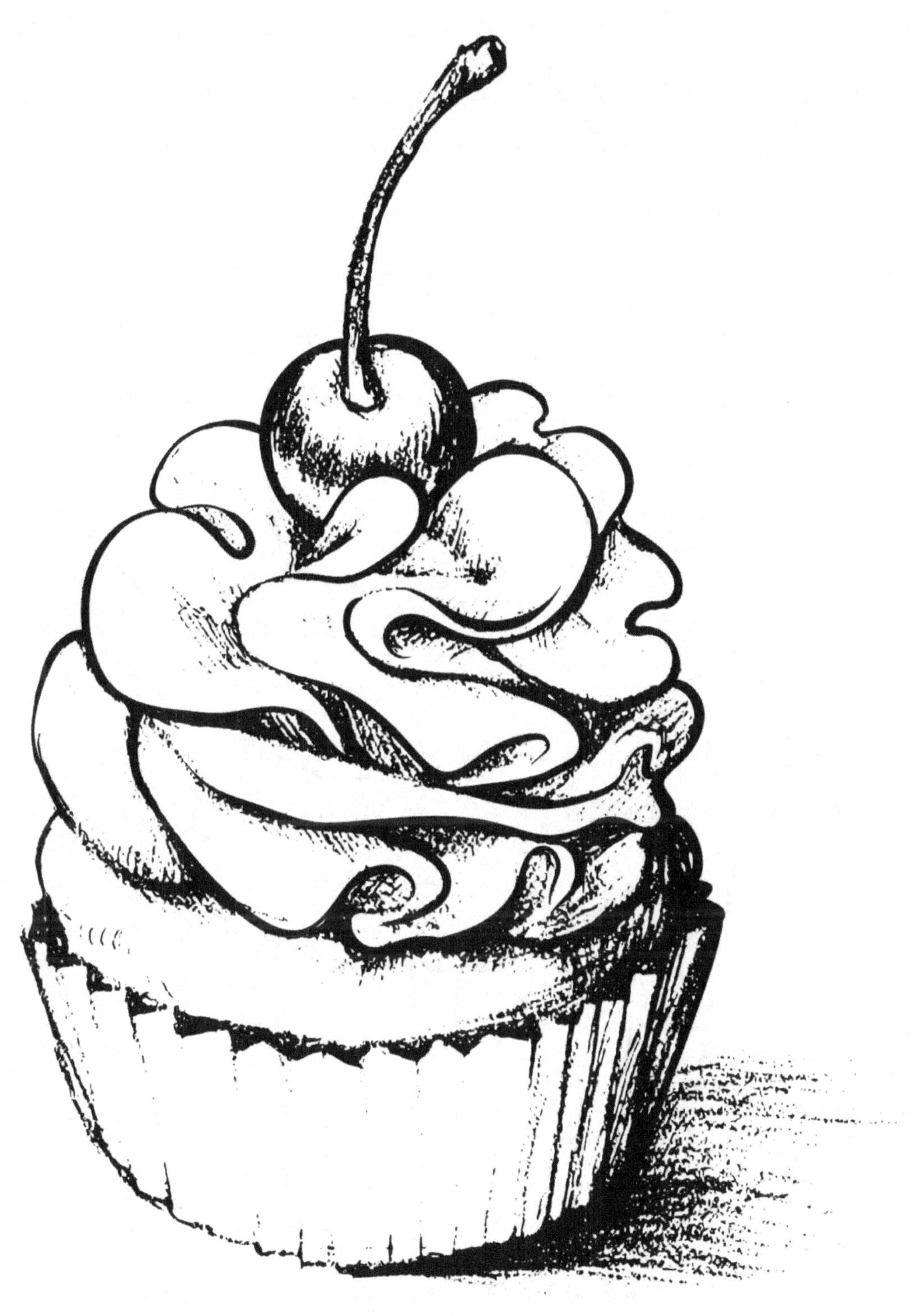

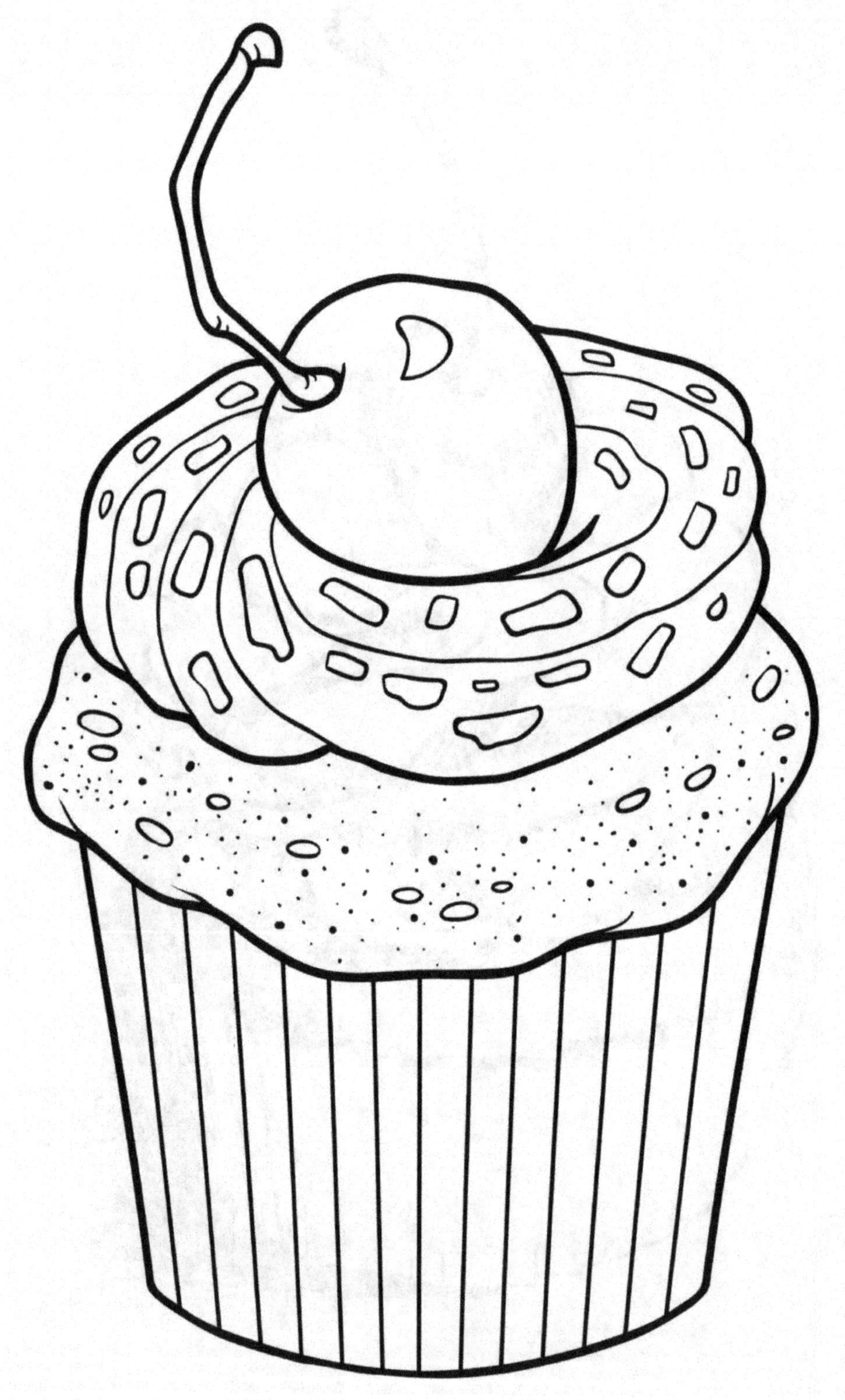

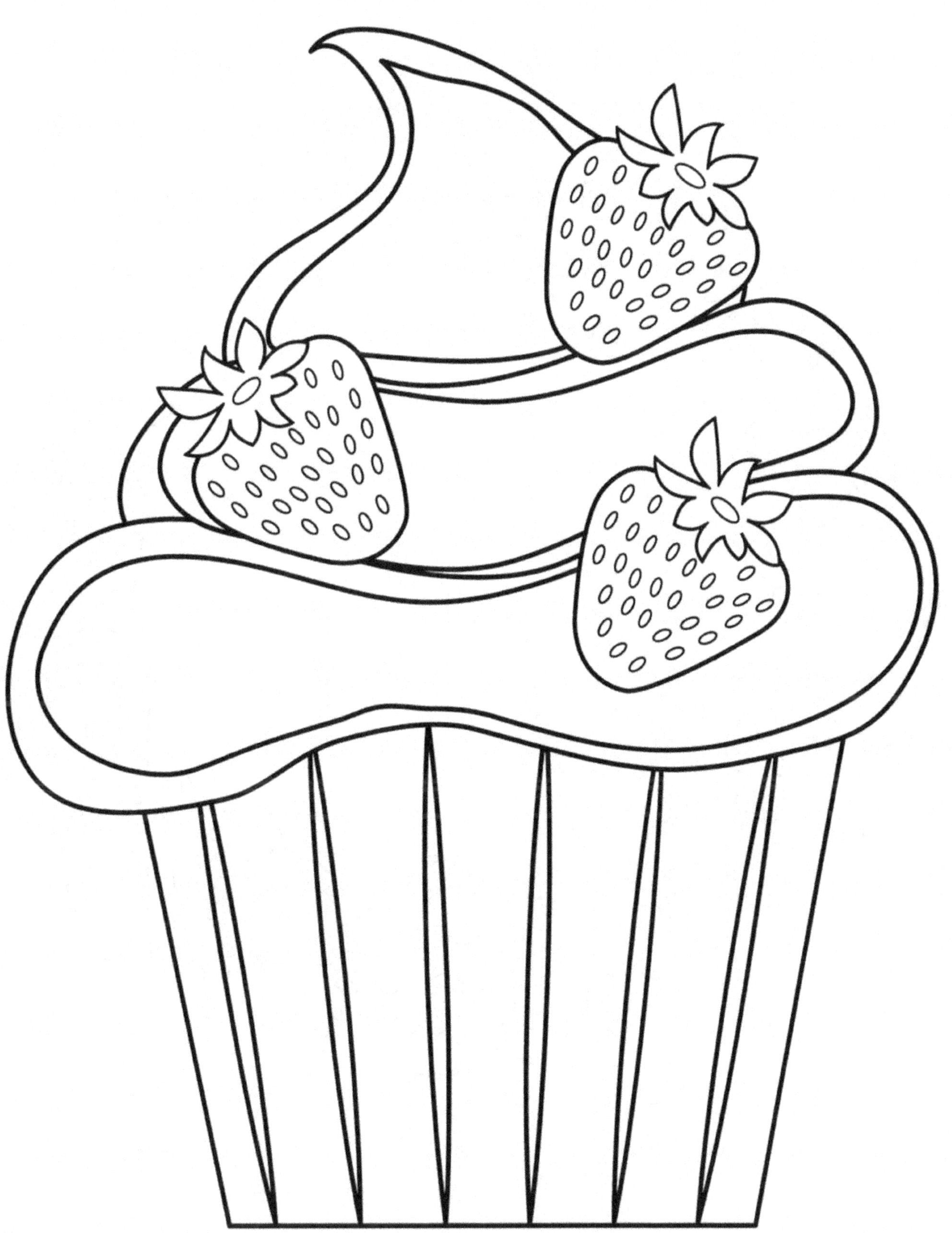

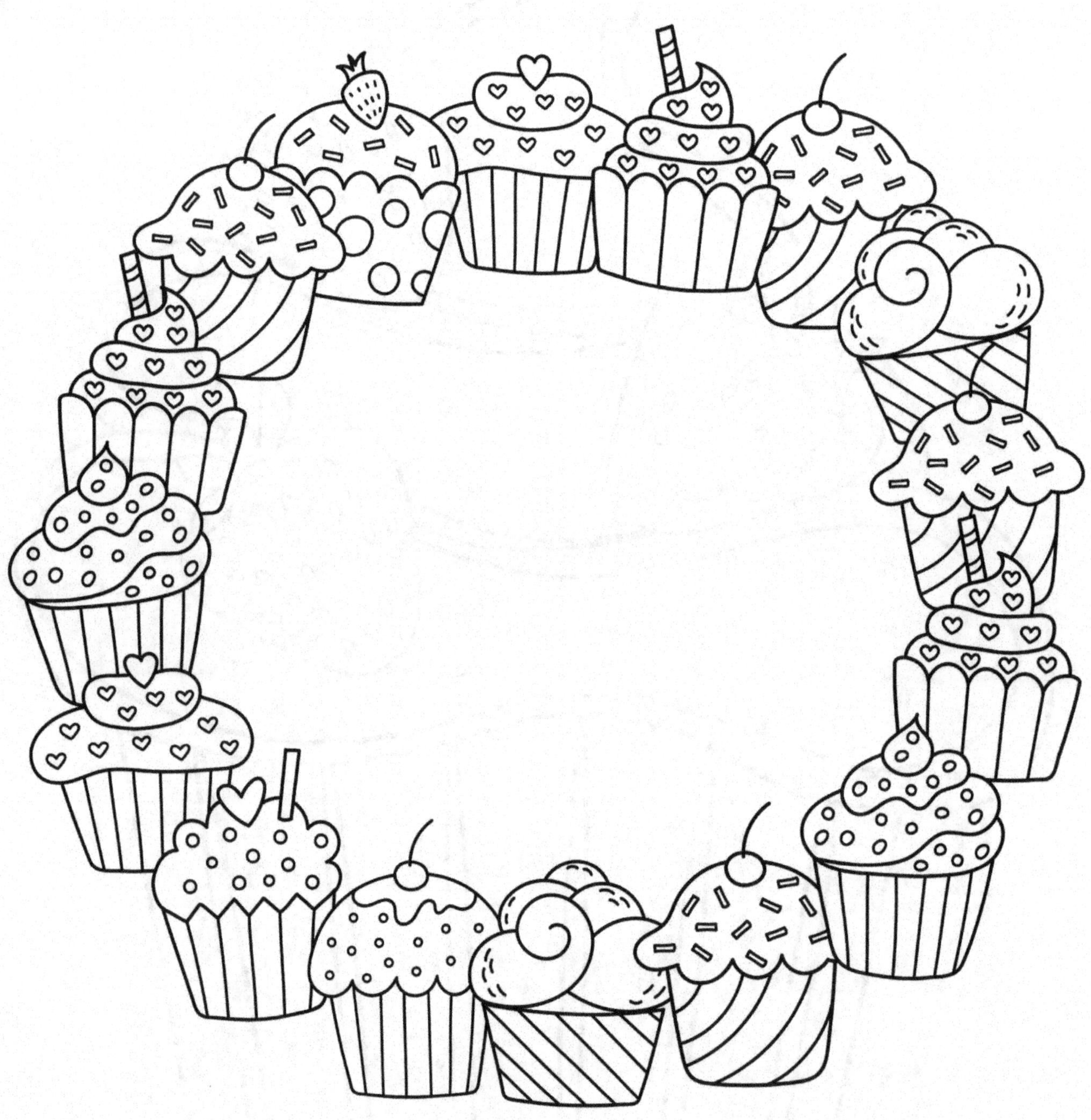

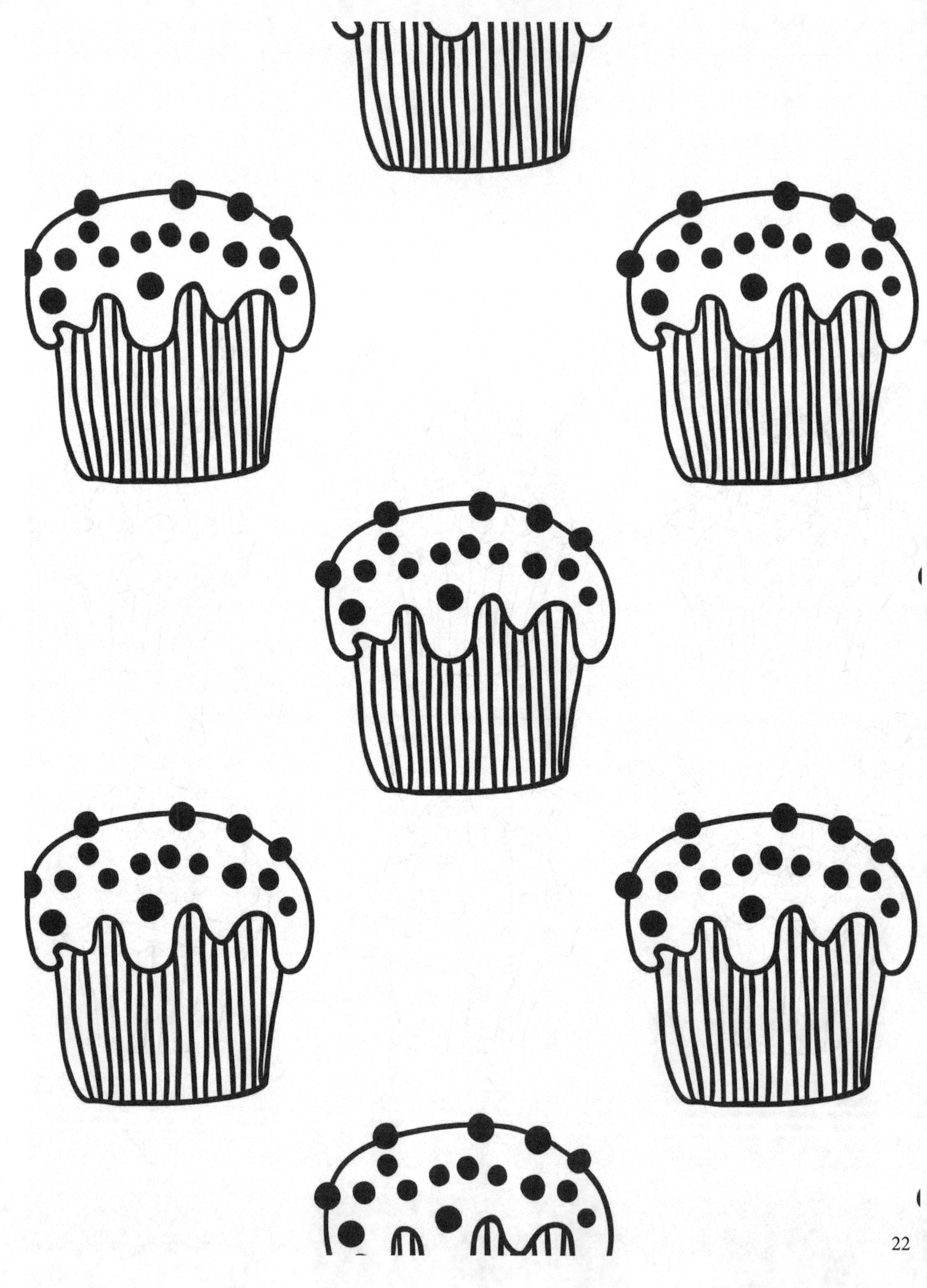

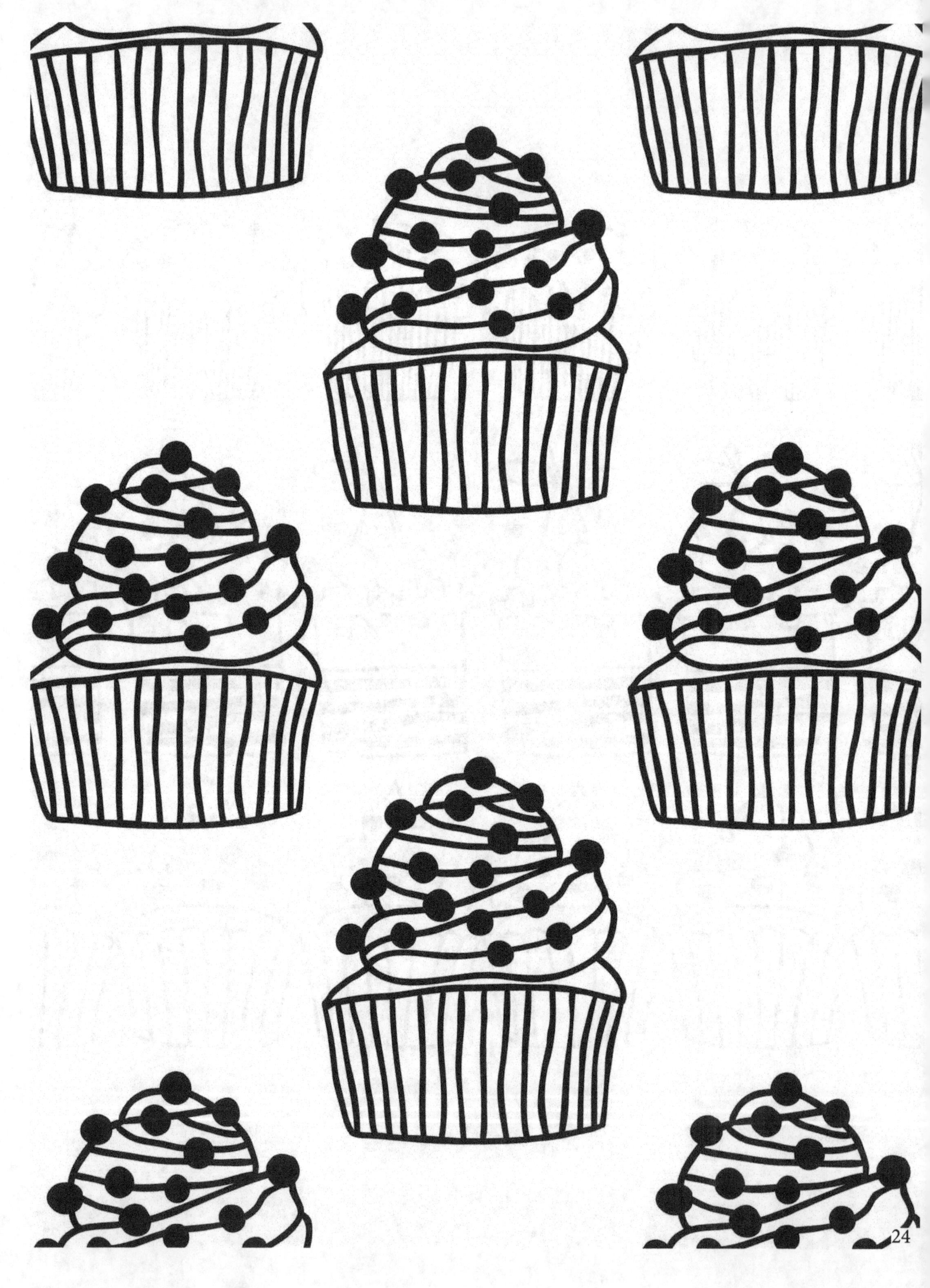

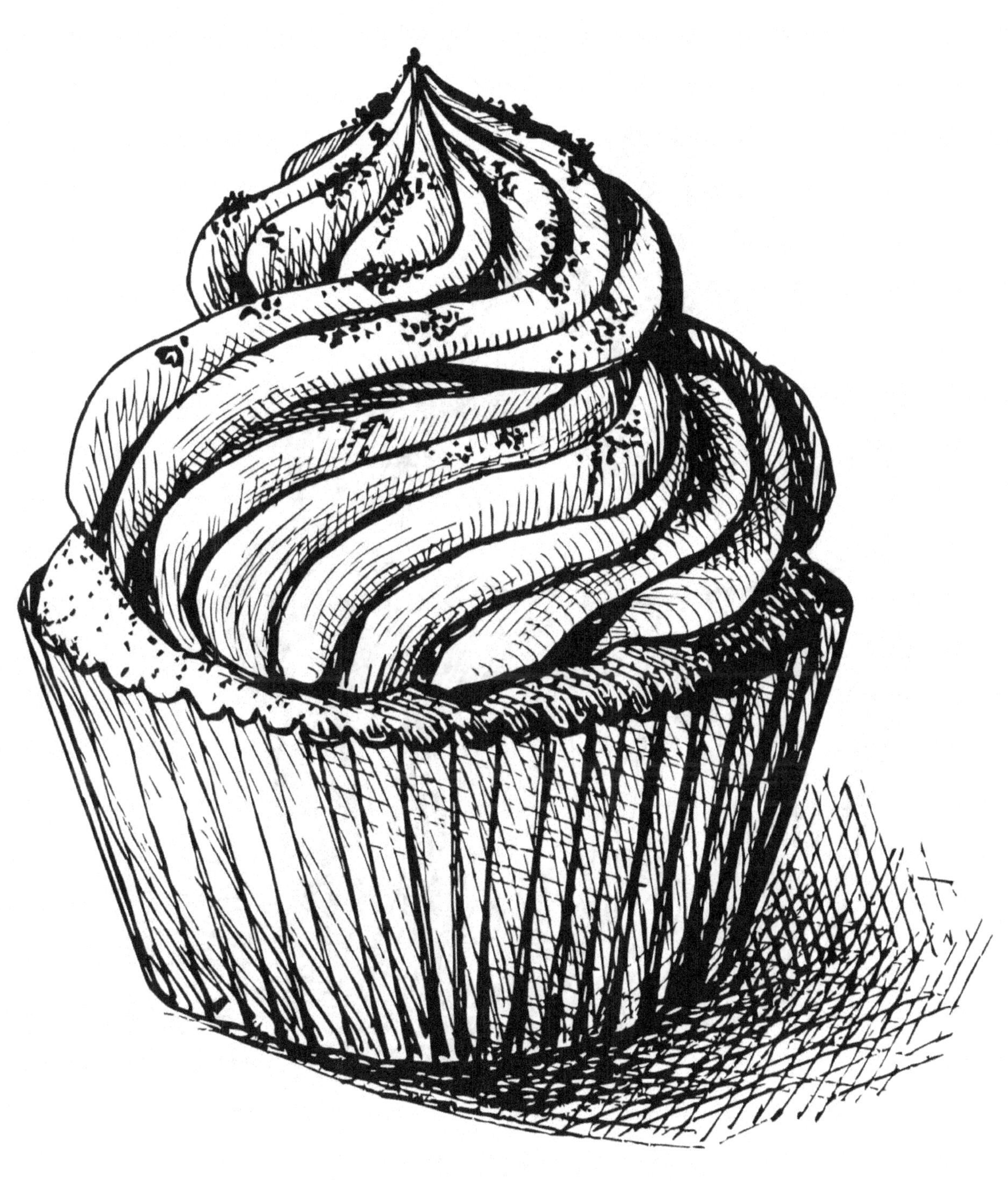

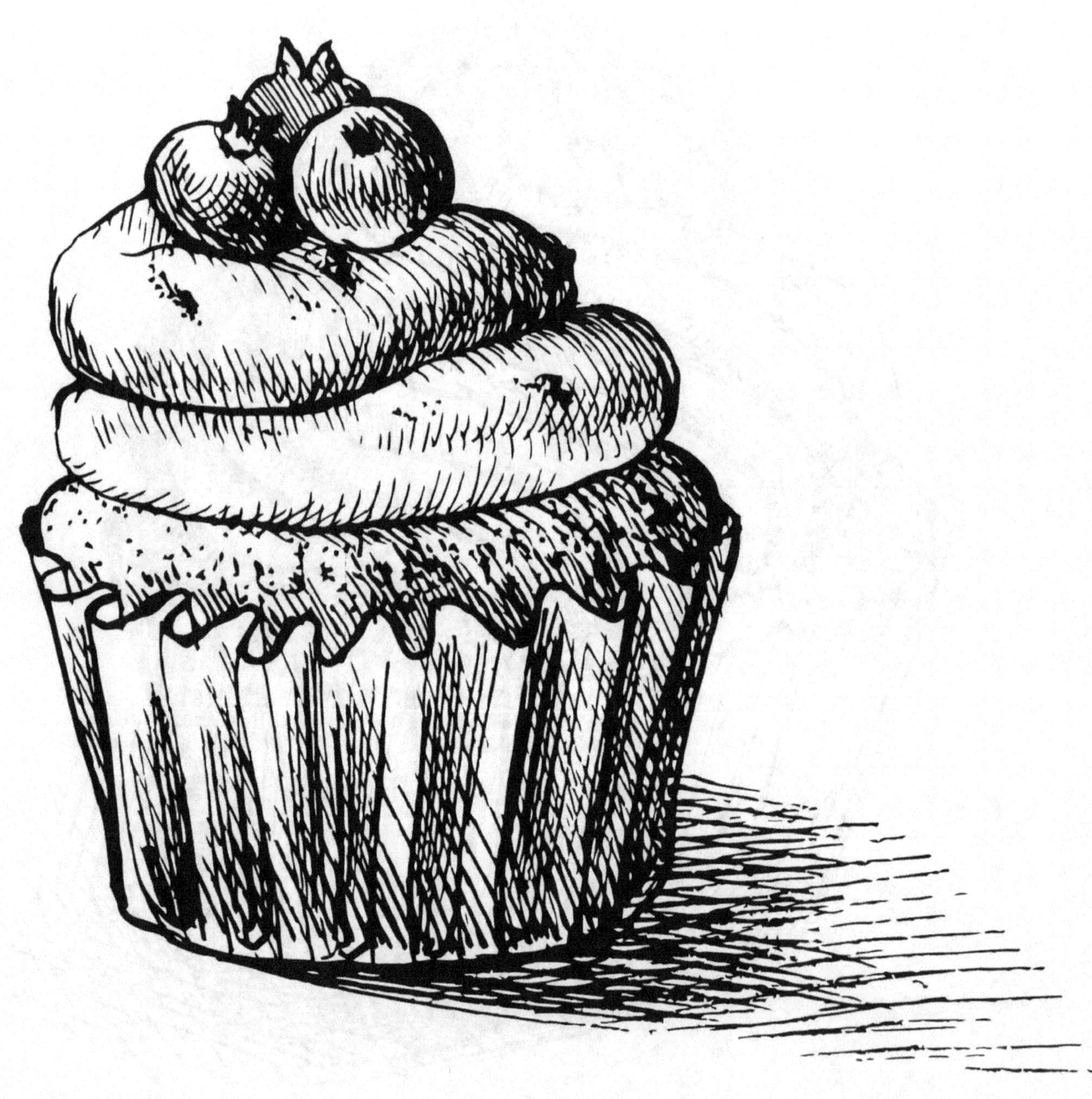

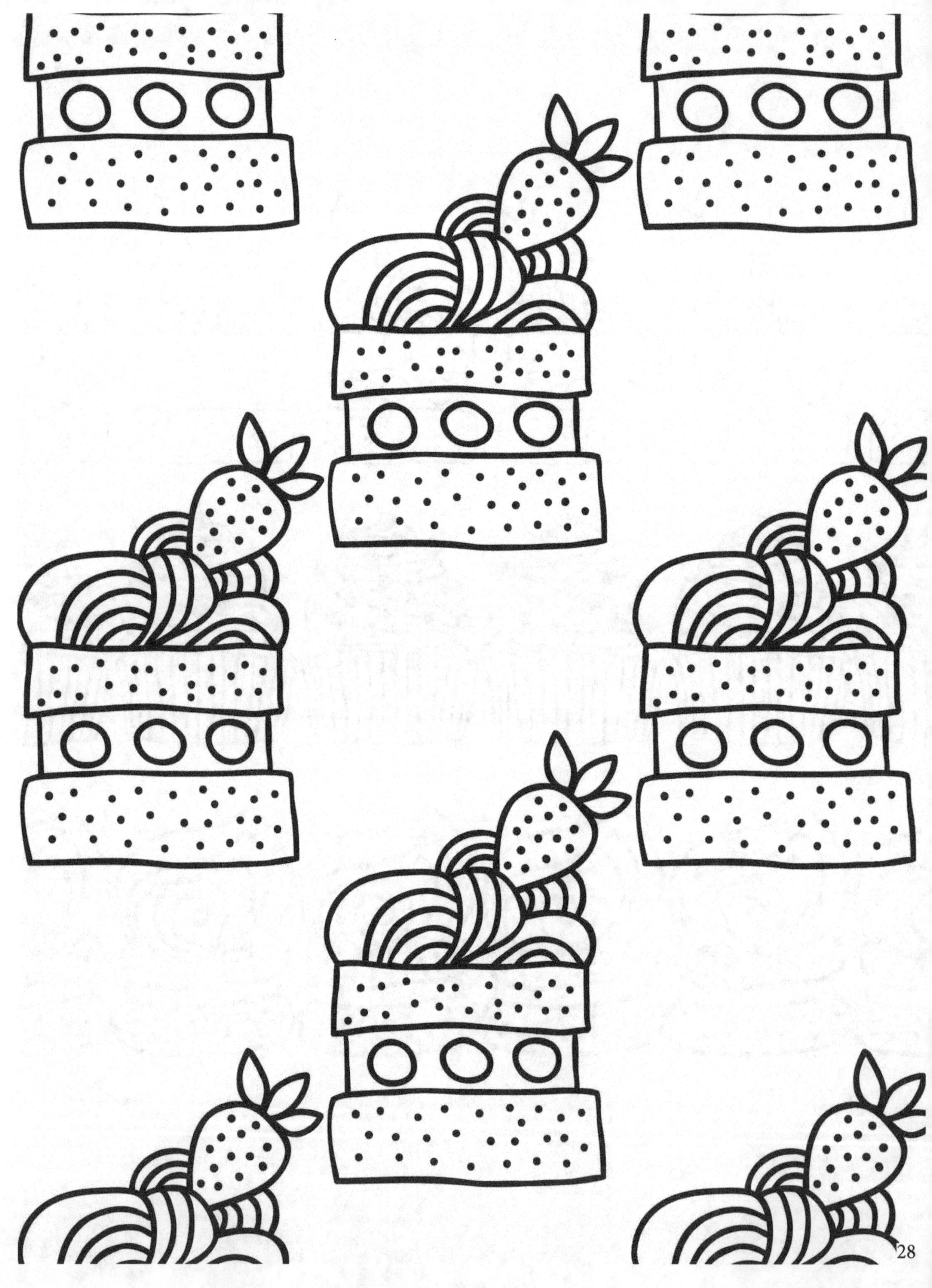